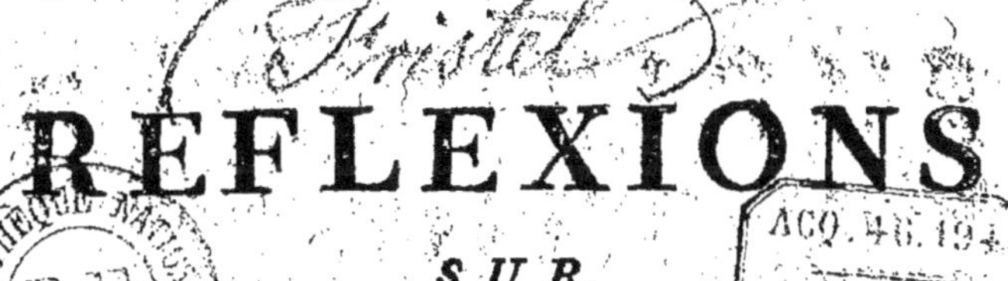

REFLEXIONS SUR LA SUPPRESSION PROJETÉE DES DISTRICTS,

Communiquées au Comité des Six, chargé d'analyser les projets relatifs à la Constitution.

Toute Assemblée des Représentants d'une Nation Républicaine, qui défendroit aux Citoyens de manifester leurs pensées & leurs opinions, seroit despote.

Tout Citoyen qui n'oseroit pas le faire, seroit un esclave.

C'est d'après cette vérité éternelle, que la Convention vient deposer une des bases constitutionnelles de la République:

Tout homme est libre de manifester sa pensée & ses opinions.

Droits de l'Homme, art. 7.

PROUVER que les Districts doivent être conservés est une tâche que je m'impose. Si je ne la remplis pas entiérement, j'invite ceux qui sont de mon avis à l'achever.

La demande de la suppression des Districts

peut être regardée comme un nouveau piége tendu à nos Législateurs par les ennemis de la Liberté française. Leur figure inquiéte & souriante fut un thermomètre qui ne nous trompa jamais à l'approche des jours où leurs conspirations devoient éclater. Par-là notre vigilance suffisamment avertie, prévint la surprise de l'explosion & les réduisit aux regrets amers de l'inexécution. Lisons encore sur ces figures méchamment éloquentes, & nous y trouverons l'empreinte de la haine implacable qu'ils portent aux Districts. Réfléchissons sur leur conduite, & nous remarquerons qu'ils n'ont rien tant à cœur que de faire perdre aux Administrateurs la confiance publique. Intrigues, calomnies, faux zèle de l'intérêt national & de la religion; telle est l'âme de leurs pensées & de leur conduite. Il est donc facile de s'appercevoir que dans leur systême de désorganisation, la suppression des Districts est un moyen indispensable.

Je ne me bornerai pas à cette conjecture, déja si rapprochée de l'évidence. Un grand nombre d'excellentes raisons doivent porter à la conservation des Districts. Je vais me livrer au développement de quelques unes.

Personne n'ignore que le projet de la nouvelle Constitution renferme la suppression des Districts dans la nouvelle division de la République en Départements, & la subdivision de ceux-ci en grandes Communes & Sections. Déja sur la simple nouvelle de ce plan, plusieurs milliers de peres de famille, poussent les gémissements les plus amers, dans la crainte trop fondée, de perdre leurs dernieres ressources.

Les uns disent que cette nouvelle subdivision va fournir de nouveaux prétextes à de dangereuses commotions, augmenter la diversité des systêmes, & produire peut-être une prévention funeste contre la République naissante.

D'autres se récrient contre l'instabilité des autorités constituées. De là le dégoût d'y occuper des places momentanées, & le peu de respect, pour ne pas dire le mépris des administrés pour les administrateurs.

Les Citoyens les moins lésés & les plus soumis, observent qu'il seroit de la prudence que la suppression des Districts n'eût lieu que lorsque la paix intérieure régneroit, que la loi triompheroit de ses ennemis nombreux, que la vente des biens nationaux & de ceux des Emigrés feroit confommée ; lorfque enfin les adminiftrés auroient à fe plaindre de ces établiffements qu'ils paient, & en demanderoient eux-mêmes la fuppreffion.

Il eft, ce me femble, de grands inconvéniens qui s'oppofent à la nouvelle réforme. Les villes où font fixées les chefs-lieux de Diftrict ont pris en quelque forte une exiftence politique conforme à ce genre d'adminiftration. Dans les unes le commerce a été encouragé ; dans d'autres les domiciles fe font multipliés & tous les habitants ont reffenti dans les différents états, la commotion donnée par l'établiffement des adminiftrations. La fuppreffion des Diftricts néceffitera donc de nouveaux chagemens de domicile, une fufpenfion ou une nouvelle langueur dans le commerce, & fera naître un efprit d'incertitude qui découragera les artifans les plus actifs, d'où il réfultera que ces villes deviendront défertes & mal aifées, tandis qu'une feule grande ville par département concentrant tous les pouvoirs adminiftratifs, judiciaires & autres, abforbera toute l'aifance & acquérera peut-être bientôt un afcendant qui deviendra funefte à la liberté.

Une expérience récente nous a appris que la Loi a besoin d'organes extrêmement rapprochés, & dont la voix se fasse promptement & facilement entendre de ceux qui voudroient l'enfreindre. Combien de Municipalités de campagne, infestées d'incivisme, gangrenées de la lepre du fanatisme religieux, nécessitent un District auprès d'elles, pour exciter leurs actions, & faire, par autorité, mouvoir leurs ressorts paralysés ?

D'ailleurs, la fortune publique n'est assise que sur la prospérité individuelle des citoyens. Les Districts donnent l'existence à plus d'un demi-million d'hommes ; si, comme il évident, ces hommes souffrent de la supression, la fortune publique sera elle-même évidemment altérée. En vain allégueroit-on l'économie du trésor national. Les frais des Administrations de District sont payés des sous additionnels sur les contributions. Les Administrés en font facilement le sacrifice en faveur des avantages qu'ils retirent de la proximité des Directoires & des Tribunaux.

Un Directoire de District emploie vingt-quatre individus en Administrateurs, procureur-syndic, secrétaire, commis & servants, trésorier, commis de trésorerie & caissier : un tribunal a, outre sept places salariées, vingt ou vingt-cinq avoués, douze huissiers, deux commis de greffe, des recors, qui tous par les émolumens fixes ou casuels de leurs places, vivent avec aisance. Que deviendra cette portion de citoyens dont la majeure partie est pauvre? beaucoup d'entr'eux sont décrépits, ou déjà avancés en âge, d'autres sont infirmes, & incapables de conduire la charrue & de porter les armes. Que deviendront-ils, je le répète, eux & leur famille, après avoir fait des sacrifices nombreux à la Patrie? la proie de la misere & du désespoir. Béniront-ils alors la main qui leur arrachera leur subsistance rigoureuse & indispensable? je ne le puis croire. Quelque bonne que fût la loi qui porteroit la suppression de ces établissements, il seroit bien difficile de les en faire convenir : *ventre affamé n'a point d'oreilles.*

On vient de voir que 80 hommes au moins, par District, se trouveroient sans places, & par conséquent plus de 45,000 dans l'étendue de la République. Qu'on y joigne tous les marchands, artisans & manœuvres intéressés à leur consommation & à leurs dépenses; je n'en suppose que six de ceux-ci par chacun de ceux là, & je trouve près de 600,000 citoyens, de qui l'on fera naître le mécontentement & celui de leurs familles.

On m'objectera peut-être que l'intérêt particulier doit s'évanoir devant l'intérêt général, C'est une vérité que les vrais Républicains surtout aimeront toujours à reconnoître, mais ce n'est point ici le cas d'appliquer ce principe. L'intérêt de 600,000 citoyens ne peut passer pour un intérêt privé, sur-tout lorsque le sacrifice que l'on en feroit, ne donneroit à la société aucun dédommagement proportionné.

Supprimer actuellement les Districts, c'est rendre inutiles les premiers frais d'établissement qui se trouvent faits & dont personne ne se plaint. L'esprit d'économie qui dicte cette suppression est un faux esprit : c'est appliquer un palliatif au lieu d'un remede efficace.

En effet, la dépense annuelle de chaque administration de District & des tribunaux qui y sont adhérens, n'exede pas 30,000 liv. la population assujettie au paiement de cette somme est de 40 à 70 mille individus, qui, par les sols additionnels, payent environ de plus le cinquieme de leurs impoſitions. Quel eſt le citoyen pauvre ou riche qui, pour l'avantage de trouver à ſa porte les autorités & la juſtice dont il a beſoin, ne conſentira pas facilement à payer 4 ſols pour livre des contributions qu'il doit, plutôt que d'être expoſé aux dépenſes d'un long voyage pour ſe rendre aux chef-lieux de Départemens?

D'un autre côté, les conſommateurs que les chef-lieux de Diſtricts attirent, maintiennent ou augmentent le prix des fermes du riche, & aſſurent la vente prompte & facile des denrées du fermier & du pauvre. Tous les négociants & les marchands y trouvent l'aliment de leur commerce, & l'état ne peut qu'en devenir plus floriſſant.

Il ne faut pas, dans les temps de criſe où nous ſommes, augmenter le nombre des mécontens: & cependant la ſuppreſſion des Diſtricts peut produire cet inconvénient, parce que rien ne dédommageroit du tort qu'elle cauſeroit. L'impoſition mobiliaire n'éprouveroit aucune diminution, parce que la poſition actuelle de la République, obligée d'entretenir les armées de terre & de mer ſur un pied formidable, a beſoin de toutes ſes reſſources. Maintenons-en donc l'étendue autant qu'il est possible, en laissant subsister dans les Districts & les tribunaux des fonctionnaires salariés, qui fournissent au trésor national à raison & proportion de leur traitement, dont le traitement même tourne au profit de ceux qui ne sont pas salariés & allége le poids de l'imposition générale.

J'oserai avancer que la suppression des Districts semble s'écarter de la loyauté française. Il existe une loi qui assure la conservation de leur place aux commis & autres employés dans les administrations de Districts, qui ont volé au secours de la Patrie en danger. Si l'on supprime ces établissements, que deviendront les promesses de la loi renumératoire? alors la République, pour n'être pas ingrate, sera forcée d'accorder à ces héros une indemnité, sans recevoir d'eux les travaux utiles auxquels il ne pourront plus se livrer.

A toutes ces considérations j'en joindrai encore deux puissantes: la premiere, c'est que la suppression des Districts n'emportera pas avec elle la suppression des travaux qui s'y font. Ces travaux réunis aux chefs-lieux de départements exigeront toujours le même nombre de commis

& les mêmes frais de bureaux. Ces dépenſes qui, ayant lieu dans les Diſtricts, contribuoient à les alimenter, ſeront concentrées dans une ſeule ville qui regorgera du néceſſaire aux villes inférieures. Les premiers frais des établiſſements de Diſtricts & tribunaux tomberont en pure perte; & qui pis eſt, les ſols additionnels n'en éprouveront aucune diminution. La ſeconde conſidération, c'eſt que les habitants des chefs-lieux de Diſtricts, ſalariſés ou non, dépourvus des reſſources qu'ils en retiroient, expulſeront des campagnes qu'ils poſſédent les fermiers qui ſubſiſtoient de leur ſurabondance, pour en jouir par eux-mêmes, & les réduiront ainſi à l'indigence.

J'ai préſumé juſqu'à préſent qu'en ſupprimant les Diſtricts, les tribunaux ſubiroient auſſi le même ſort. Si cela eſt, les juſticiables pauvres ſeront donc forcés la plupart de parcourir au moins vingt-quatre lieues dans l'aller & le retour pour trouver la juſtice. Le riche ne ſera-t-il pas toujours rendu le premier & ne pourra-t-il pas ſéjourner autant qu'il lui plaira au préjudice de de ſon adverſaire indigent ?

Il faut en convenir, la ſuppreſſion des Diſtricts

emporte des inconvéniens, sans nombre. Je me contenterai d'en citer encore un. Quelque soit l'organisation que l'on donnera à l'éducation publique, rien ne peut lui être plus utile que ce qui peut mettre, dès le jeune âge, sous les yeux des éleves des motifs d'émulation; & rien ne peut lui être plus funeste que le tableau d'une habitation, sans dignités & sans places. L'esprit d'un enfant qui ne voit que des marchands & des artisans, ne se développe pas vîte & ses idées ne s'agrandissent pas au-delà des conoissances du commerce; d'ailleurs l'extrême difficulté de procurer à leurs enfants le petit nombre de places qui auront lieu dans le chef-lieu de Département, fera regarder par les peres de famille, l'éducation comme la chose la plus indifférente, & ils se contenteront d'en faire des calculateurs, peut-être, avares & égoïstes, ou laisseront périr le germe de leurs talens dans une oisiveté funeste à l'état & aux mœurs.

Je conclus donc que la suppression des Districts & des tribunaux est impolitique, & que c'est une parcimonie à laquelle il ne faudroit penser que quand l'état seroit réduit à cette foible ressource.

Citoyens, telles sont mes réflexions. Je les soumets à votre judicieuse censure. Par elles, je paie à la patrie un tribut que tout bon citoyen lui doit, & je crois avoir des droits à l'impartialité de ceux qui ne sont pas de mon avis, & à l'indulgence des Citoyens, qui pensant comme moi, sont persuadés que l'on peut mieux traiter cette bonne cause.

La confiance que j'ai dans les travaux de la Convention est sans bornes. Sans doute il n'en émanera que des loix sages. Elle sauvera des écueils le vaisseau de l'état & prendra certainement les précautions nécessaires, pour le mettre à l'abri des tempêtes excitées par l'aristocratie. Pour moi, admirateur sensible de son triomphe & de son repos, je contemplerai du port avec l'esprit du civisme & de l'obéissance, la gloire que nos législateurs lui auront assurée, & j'oublierai facilement mon opinion particuliere pour n'écouter plus que la voix de la loi même qui l'aura contredite. Tels doivent être les sentimens de tous les Républicains, parce que *l'obéissance à la loi, est le premier devoir du citoyen.*

---

1 Mai 1793.

www.ingramcontent.com/pod-product-compliance
Lightning Source LLC
LaVergne TN
LVHW010415240826
846091LV00020B/4008

9782013096683